AKOMEYA TOKYO

国産原料使用・化学調味料無添加のだしで作る

かんたん・格上げレシピ60

アコメヤの出汁で 絶品おうちごはん

高橋雅子

PARCO出版

AKOMEYA TOKYOと私

高橋雅子

アコメヤ トウキョウとは、実は長い付き合い。
1号店が銀座にオープンした当初から、私が経営する「テコナベーグルワークス」のベーグルや焼き菓子を販売してもらっていました。クリスマスシーズンには、私自身のシュトレンをお店においてもらったり。

アコメヤ トウキョウは、和食材を取り扱うライフスタイルショップ。お店に行くたびに、ワクワクします。日本にも、まだまだ知らない食べ物があるんだな。それが面白くて楽しくて、こまめに足を運んでしまいます。味噌にしょうゆ、いろいろなものがほかで売っているものより一段上の味。シンプルな料理が、手間をかけずにぐんとおいしくなる。お料理上手な方はもちろん、苦手な方にこそ、ぜひともおすすめしたいお店なのです。

そんな私が、アコメヤ トウキョウで一番買っているものといえば、オリジナルのおだし。おいしくて便利なのです！ 添加物は一切入っていないので安心だし、ほっとできる味。だし成分のほかに塩分も含まれているので、これだけで料理の味が完成するのです。

さらにおすすめの使用方法は、袋をやぶって中身を出して使うこと。一気に応用範囲が広がります。そのまま野菜炒めにも使えるし、お肉にまとわせて焼いてもいい。炒飯や焼きそば、パスタにも。そしてドレッシングも手軽に作れちゃいます。

まさに、万能調味料。

そんな「アコメヤの出汁」を余すことなく活用したのが本書です。

登場するのは、高橋家の普段のごはんばかり。ちゃちゃっと作れて、簡単でシンプル。だけど、みんなが笑顔になってくれる料理たちをご紹介します。

目次

アコメヤの出汁

「アコメヤの出汁」は、とびうおや昆布、鶏や野菜をベースに、上質な調味料を粉末にして配合しただしパックです。

昆布やあご、かつお節からきちんととっただしもおいしいけれど、手間がかからず味付けが決まるだしパックも、日々の料理を支えてくれます。

この本では、「焼きあご」「鶏節」「野菜」を料理によって使い分けています。

焼きあご出汁

長崎県平戸産のとびうおを炭火でこんがりと焼いた「焼きあご」がベース。北海道産の羅臼昆布、煮干、しょうゆを加え、風味をさらに増しています。独特の香ばしさと上品なうまみ。ほのかに広がるコクと甘み。これひとつで、和食の味が格上げされます。

野菜出汁

玉ねぎ、大根、にんじん、キャベツ、にんにく、ごぼう。和食作りに欠かせない6種の野菜をバランスよく配合。野菜をていねいに煮込んだスープのように、香りと深みを感じる味です。すっきりとした塩味の、透明なだし。料理を選びません。

鶏節出汁

鹿児島産の鶏のもも、ささみ、ガラを使用。蒸し上げて燻製にした後、かつお節のように乾燥させた「鶏節」の削り節を中心に、昆布もブレンド。鶏の香りとうまみをしっかりと感じさせます。和食はもちろん、スープやシチューなど洋風の料理にも最適。

Memo

開封後は袋のファスナーを閉じて冷蔵庫で保管し、早めに使い切りましょう。

「アコメヤの出汁」の使い方

「アコメヤの出汁」は、素材のうまみがぎゅっと詰まっただしパックです。
温かい料理には煮出してとっただしが大活躍。
そして、だしの粉末をそのまま料理に使うこともできます。ベースの味がついているので、
料理をちょっと簡単に、そしてとってもおいしくしてくれる、頼れる存在です。

だし Dashi

使い方 1 煮出す

鍋に水400mlとだしパック1個を入れ、火にかける。
沸騰したら、そのまま3分煮出し、だしパックを取り出す。

野菜出汁　鶏節出汁　焼きあご出汁

Memo 写真では、だしパック２個、水800mlで煮出しています。
料理によっては、煮汁にだしパックをそのまま入れて調味することもあります。

だし

Dashi

使い方 2

粉末を使う

袋をやぶって、調味料として使います。
調理中に加えて混ぜ合わせたり、
仕上げにかけて味付けをしたり。
アイデア次第で料理の幅が広がります。

Memo だしパック１個で２～３人分が目安です。
袋から粉末を出したら、保存はしないで使い切るようにしてください。

野菜出汁（中身）
鶏節出汁（中身）
焼きあご出汁（中身）

私の基本調味料

ていねいに作られたおいしい調味料があれば、
料理の味は格段に上がる気がします。
アコメヤ トウキョウで見つけた、愛用品をご紹介。

1.

アコメヤ トウキョウ
「アコメヤの味噌」

米と大豆などの原材料をすべて麹仕込みにした独自製法で造られた味噌。大豆のうまみと米の甘みが混ざり合い、バランスのよい味わいです。味噌玉（P.52）を作るのにも最適。毎日のお味噌汁はもちろん、炒めものなどにも活用できます。

2.

アコメヤ トウキョウ
「アコメヤの醤油 純正醤油 奥出雲」

おしょうゆは小さめのものを購入して、冷蔵庫で保存。早めに使い切るようにしています。これは島根県奥出雲町の「森田醤油」とアコメヤ トウキョウの共同開発で誕生した、まろやかなしょうゆ。奥出雲地方の大豆と小麦を使い、長期熟成させています。

3.

アコメヤ トウキョウ
「アコメヤのお酢」

まろやかで香りのよい米酢。有機栽培米コシヒカリと富士山の伏流水を用い、昔ながらの静置発酵と長期熟成で仕立てています。ポン酢にマリネ、ドレッシングなど和洋を問わず、さまざまな料理に使えます。

6.

蒲刈物産

「海人の藻塩」

お塩は粗塩、藻塩、マルドンを使い分けていますが、ふだんの料理にはこの藻塩を使うことが多いです。お料理にも、パン作りにもオールマイティに使えます。マイルドで、適度に引き締めてくれるやさしい味です。

7.

嵯峨野匠庵

「種子島 粗糖」

種子島産さとうきび100%。粗糖は粒子が粗く、キラキラ輝く生成りのビーズみたい。そんな見た目も好きです。キーンとした甘さがなく、ほのかなコクがあるので、お料理にもお菓子にも使っています。

4.

ヤマヒサ

「杉桶仕込醤油 うすくち」

煮物や汁ものに、あまり色をつけたくないときは、薄口しょうゆを使います。こちらは香川・小豆島のもの。国産丸大豆と国産小麦を使い、昔ながらの醸造法で作りあげています。杉の桶で熟成させた香りが好きです。

5.

嵯峨野匠庵

「純米本みりん」

大人になってから、みりんって、そのまま飲めるくらいおいしいものがあるんだ…と知りました。いろいろと試しましたが、こちらは甘さもすっきり。ドレッシングなど幅広く使えて重宝しています。

この本のきまりと注意

＊大さじ 1 は 15ml、小さじ 1 は 5ml、米 1 合は 180ml です。

＊「適宜」は薬味など、お好みで入れても入れなくてもよいものです。

＊「適量」は、好みで味や量を加減しながら入れるものです。

＊「焼きあご出汁」は、「かつお出汁」か「煮干出汁」でも代用可能です。

だし

Dashi

第一章

基本のだしで、シンプルに
うまみを味わう簡単レシピ

料理にだしが加わるだけで、香りと風味が深まり、新しいおいしさに。
基本のだしをベースに、和・洋・エスニックを作っていきましょう。

だし
Dashi
簡単レシピ

和風ポトフ

たっぷりの具から出た甘みと、焼きあごのだしのうまみがからむポトフ。ぜひ、季節それぞれの野菜を使って作ってみてください。

材料（2 人分）

焼きあご出汁……2パック
ベーコン※ブロック……100ｇ
キャベツ……1/4 個
にんじん……中１本
かぶ（茎を３cm 残しておく）……１個
れんこん……５cm
ローリエ……１枚
オリーブオイル……小さじ１

作り方

1. ベーコンは半分に切る。キャベツはくし形に半分に切り、にんじんとかぶは皮をむいて縦半分に切る。れんこんは皮をむいて縦に４つに切り、酢水（分量外）に５分さらしてアクを抜き、水気を切る。

2. フライパンを中火で熱し、オリーブオイルをひいてベーコンを焼く。全面に焼き色を付けたら煮込み用の鍋に移す。残りの材料と水 600ml を加え、中火にかける。※だしパックはそのまま鍋に加える。沸騰したら弱火にし、20 分煮る。

3. だしパックとローリエを取り除いて器に盛り、好みでゆずこしょう（材料外）を添える。

Memo 野菜は根菜、きのこ、夏野菜などお好みのもので。ベーコンの代わりにソーセージで作ってもおいしい。

ミネストローネ

鶏のだしの滋味深い味わいがひよこ豆と野菜にしみ込んだ、食べるスープ。
プチトマトのフレッシュな酸味が口の中で弾けます。

材料（2 人分）

鶏節出汁……1 パック
ひよこ豆 ※乾燥……50 g
玉ねぎ（1.5 cm 角に切る）……1/2 個
なす（皮をむき 1.5 cm 角に切る）……1 本
エリンギ（1.5 cm 角に切る）……1/2 本
にんにく（芯を取ってつぶす）……1/2 片
プチトマト（半分に切る）……1 パック
イタリアンパセリ（粗みじん切り）……4 枝
オリーブオイル……大さじ 2 + 適量
塩・黒こしょう……各適量

作り方

1. ひよこ豆はさっと洗い、たっぷりの水に一晩浸ける。水ごと鍋に移して強火にかけ、沸騰したら弱めの中火にする。アクを取りながら 30 分ほどやわらかくなるまでゆでる。使う前に水気を切る。

2. 鍋ににんにくとオリーブオイル大さじ 2 を入れて中火にかけ、香りが立ったら、玉ねぎ、なす、エリンギと塩を加えて炒める。野菜の色が鮮やかになったら、**1** を加え炒める。

3. ひよこ豆に油がまわったらプチトマト、水 400 ml、だしパックを加える。沸騰したら弱火にし、20 分煮る。

4. 塩で味を調え、器に盛りイタリアンパセリ、オリーブオイル、黒こしょうをふる。

Memo 時間がないときは、ひよこ豆の水煮を使っても OK。
手に入らなければ、大豆でも大丈夫です。

トマトのけんちん仕立て

火を通したトマトとおだしは、とてもよい相性。
お好みのきのこを入れて、
シンプルにだしを味わいます。

材料（2人分）

焼きあご出汁……1パック
トマト……中玉2個
エリンギ（2cmの輪切り）
……大1本
薄口しょうゆ……小さじ1
ごま油……小さじ1
白ごま（切りごま）……適量

作り方

1. トマトを湯むきする。鍋に湯（分量外）を沸かし、ヘタをくり抜いたトマトを入れ10～15秒ゆで（トマトが湯に浸からない場合は途中で上下を返す）、氷水にとる。冷めたら皮をむく。横に半分に切る。

2. 鍋に水400mlとだしパックを入れて火にかけ、だしをとる。だしパックを取り出し、薄口しょうゆで味を調える。

3. トマトとエリンギを加え、トマトが温まったら器に盛り、ごま油と白ごまをふる。

たけのことわかめのトロトロスープ

たけのこのシャクシャク、わかめのツルツル、スープのとろり。ひとつの汁ものに多彩な食感が入る、ぜいたくなスープ。

材料（2人分）

野菜出汁……1パック
たけのこ水煮（半分に切る）……1/8本
わかめ……5g
（乾燥わかめ1gを戻してもよい）
酒……大さじ1
薄口しょうゆ……小さじ1
片栗粉……小さじ1
ごま油……小さじ1
粉山椒……適宜

作り方

1. 鍋に水400mlとだしパックを入れて火にかけ、だしをとる。だしパックを取り出し、たけのことわかめを加え、沸騰したら3分煮る。
2. 酒と薄口しょうゆで味を調える。同量の水で溶いた片栗粉を加えて煮立て、とろみをつける。器に盛り、ごま油と粉山椒をふる。

沢煮椀

猟師の料理がルーツといわれ、江戸時代から親しまれてきた「沢煮椀」。黒こしょうと豚肉、そしてたっぷりの具がおいしい、食べるスープです。

材料（2人分）

焼きあご出汁……1パック
豚ばら薄切り肉……40g
ごぼう……4cm
にんじん……3cm
ズッキーニ……3cm
長ねぎ……5cm
酒……小さじ2
塩……少々
黒こしょう……少々

作り方

1. 豚ばら肉を細切りにし、熱湯でさっと湯通しする。ごぼうは細切りにして酢水（分量外）に5分さらしてアクを抜き、水気を切る。にんじんとズッキーニは細切り、長ねぎは白髪ねぎにする。

2. 鍋に水400mlとだしパックを入れて火にかけ、だしをとる。だしパックを取り出し、酒と塩で味を調える。

3. 沸騰しているだしにごぼうを加え、再度沸騰してから1分煮る。豚ばら肉とにんじん、ズッキーニ、白髪ねぎを加え、沸騰したら火を止める。器に盛り、黒こしょうをふる。

Memo 豚の脂が気になる場合は、上澄みの油脂を取り除くか、脂身の少ない部位を使いましょう。

水菜と鶏つくねの鍋

豆腐入りの鶏つくねが、ふんわりやわらか。
透明なスープの上品なコクを味わう鍋です。

材料（2～3人分）

鍋つゆ
野菜出汁 ……1パック
酒 ……50 ml
ゆずこしょう ……小さじ 1/2

鶏つくね
鶏むねひき肉 ……125 g
玉ねぎ（みじん切り）……1/8 個
絹ごし豆腐 ……150 g（水切りして 90 g にする）
しょうが汁 ……小さじ 1/2
塩 ……小さじ 1/4
片栗粉 ……小さじ 1

水菜（7～8 cm 長さに切る）……1/2 袋
油揚げ ……1 と 1/2 枚

作り方

1. 鶏つくねの材料をボウルに入れ、よく練り混ぜておく。油揚げに熱湯をかけて油を抜き、四角くなるように1枚を8等分する。

2. 鍋つゆを作る。鍋に水 500 ml とだしパックを入れて火にかけ、だしをとる。だしパックを取り出し、残りの鍋つゆの材料を加え味を調える。

3. **2**が沸騰しているところへ**1**のつくねをスプーン2本で丸めながら入れる。水菜と油揚げも加え、火を通す。

Memo
鍋の〆には、おそばがよく合います。

キャベツと豚ばら肉の鍋

博多のモツ鍋みたいに、キャベツとニラ、たっぷりのにんにく入り。
新鮮な牛モツが手に入れば、豚ばら肉の代わりに使ってもおいしいです。

材料（2～3人分）

- 鍋つゆ
  - **焼きあご出汁**……1パック
  - 酒……50 ml
  - 薄口しょうゆ……大さじ1
  - みりん……大さじ1
  - 塩……少々

キャベツ（ざく切り）……1/4個
豚ばら肉 ※しゃぶしゃぶ用……100g
絹ごし豆腐（食べやすく切る）……1/4丁
油揚げ……1と1/2枚
ニラ（5cm長さに切る）……1/2束
にんにく（芯を取って薄切り）……1片
赤唐辛子（種を取り、小口切り）……1本

作り方

1. 油揚げに熱湯をかけて油を抜き、1～2cm幅に切る。
2. 鍋つゆを作る。鍋に水400 mlとだしパックを入れて火にかけ、だしをとる。だしパックを取り出し、残りの鍋つゆの材料を加え味を調える。
3. 鍋の具材を加え、火を通す。

Memo 鍋の〆に、細麺のラーメンかごはんを加えてもおいしい。

鶏節キムチ鍋

ガツンと食べたい日には、
ピリ辛であとを引く味わいのキムチ鍋を。
海老を殻ごと入れて、風味豊かに仕上げました。

材料（２人分）

鍋つゆ
- **鶏節出汁**……１パック
- しょうゆ……小さじ２

トマト（ざく切り）
……大玉２個

白菜キムチ……200 g

レタス（ざく切り）……1/2 個

春雨（表示通りに戻す）
……40 g

海老
（殻つきのまま背ワタを取る）
……８尾

ごま油……大さじ２

作り方

1. 鍋つゆを作る。鍋に水 500 ml とだしパックを入れて火にかけてだしをとり、だしパックを取り出す。しょうゆを加えて味を調える。

2. フライパンにごま油を熱して海老の両面に軽く焼き色を付ける。フライパンに残った油ごと **1** に加える。

3. 鍋の具材を加え、火を通す。

豆乳豚しゃぶ鍋

寒い日にぴったり。体が温まる豆乳と豚肉の鍋です。
焼きあごの濃い風味と、
豆乳のまろやかさがたまりません。

材料（2人分）

鍋つゆ
- **焼きあご出汁** ……1パック
- 豆乳 ……350 ml
- 薄口しょうゆ ……小さじ1
- 塩 ……少々

豚ロース肉 ※しゃぶしゃぶ用 ……150 g

ごま油 ……小さじ1

にんじん（ピーラーで薄切り）……1/2 本

えのきだけ（根元を切り落とし、ほぐす）…… 1袋

三つ葉（根元を切り落とす）…… 1束

白すりごま ……大さじ1

作り方

1. 豚肉にごま油をかけ、全体にからめる。

2. 鍋に水 350 ml とだしパックを入れて火にかけ、だしをとる。だしパックを取り出し、豆乳を加え、薄口しょうゆと塩で味を調える。

3. **2**に鍋の具材を加え、弱火で煮立てないように火を通す。仕上げに白すりごまをふる。

少しずつ「続ける」ということ

日々、働いています。日々、遊んでいます。どちらも決して手を抜かない（！）ので、時間がありません。でもね、おなかは空くわけです。だからといって「ありもの」を買ってくるのは好きじゃない。忙しくても、ごはん作りは手放しません。

料理とパンを仕事にしているから？　うん、それとは関係なく、台所仕事が好きなんです。買い物をして、野菜や魚を切って、今日はどんな風にしようかなと考える。新しい調味料を買ったから、試してみる。おいしいものが作れたから、どの器に盛ろうかしばし悩む。そんな日々の積み重ねが、私にとって大切。

「努力」という言葉、けっこう好き。料理だって勉強だって、コツコツやれば結果がついてくる気がします。ノロノロでも休まず歩いている亀が、たまにビューンと走るウサギよりも、結局早かったりするでしょ？

そんなことを、高校生の息子にブツブツ言いながら、揚げものなどをするわけです（母は作るだけ作って、また仕事に戻ったり、ごはんを食べに行っちゃうときもあるんですけどね）。竜田揚げ、コロッケ、メンチカツ…。我が家はまだまだ、揚げもの全盛期。米油ならサクサクに仕上がるし、油特有の臭いもなくて使いやすいです。息子の友達が遊びにくるときのメニューも、必ず揚げものです。だって、よろこぶんだもの（笑）。

積み重ねた時間＝結果。だから、毎日ほんのちょっとずつでも料理をすれば、必ず上手くなると思うんです。ちょっと今日は料理が面倒だな、なんて思う日も。ごくごく簡単なもの（たとえば P.45 の炒飯とか）1品でいいから、作ってみてほしいな。台所仕事、楽しいですよ。

オカヤス「**おいしさは米の糠からわいて出るこめ油**」
ずいぶん長い名前の油ですが、揚げものはもちろん、
クセがないのでドレッシングにも使っています。

銀座三河屋「**煎酒**」
白身のお刺身を食べるときによく使います。
たっぷりの大葉やみょうがなど香味野菜も忘れずに。

くしの農園「**柚子ごしょう極々上**」
お肉をさっと焼いたときに、シンプルにちょっとつけて。
マヨネーズと合わせるものおすすめです。

だし
Dashi

第二章

袋をやぶってそのまま使う
手軽に作るだしレシピ

だしパックをやぶって中身をそのまま使うと、料理の幅がぐんと広がります。
塩分とうまみ成分がバランスよく含まれているから、忙しいときの頼もしい味方です。

野菜の即席漬け３種

1.... 白菜・アスパラガス・柚子

2.... ドライトマト・白菜・オリーブオイル

3.... 紫キャベツ・白菜・レモン

ねぎと帆立のだしカレー

野菜の即席漬け3種

ざく切りにした野菜にまぶして、もむだけ。
簡単なのに、びっくりのおいしさです。
少しずつ味がなじむから、翌日以降も楽しめます。

Memo ファスナー付きの保存袋に入れてもみ込み、
空気を抜いて密閉してもよいです。
その場合は重しをする必要はありません。

1. 白菜・アスパラガス・柚子

材料（作りやすい分量）

焼きあご出汁（中身）……1/2 パック
白菜……100g
グリーンアスパラガス……3本
柚子の皮（黄色い部分のみをすりおろす）……1/4 個分
米酢……小さじ 1
はちみつ……小さじ 1

作り方

1. 白菜は葉と芯に分け、芯は5cm 長さにしてから1cm 幅に切る。葉はざく切りにする。アスパラガスはかたい部分を切り落とし、下から 10cm くらいはピーラーで皮をむき、斜め切りにする。

2. ボウルに材料をすべて入れ、軽くもみ込む。食材にぴっちりとラップを沿わせ、重しをして 30 分以上おく。冷蔵庫にひと晩おいてもよい。

2. ドライトマト・白菜・オリーブオイル

材料（作りやすい分量）

鶏節出汁（中身）……1/2 パック
白菜……100g
ドライトマト（ぬるま湯に浸けて戻す）
……4枚
白ワインビネガー……小さじ 1
オリーブオイル（盛り付けてからかける）
……小さじ 1

作り方

1. 白菜は葉と芯に分け、芯は5cm 長さにしてから1cm 幅に切る。葉はざく切りにする。ドライトマトは粗みじん切りにする。

2. 「白菜・アスパラガス・柚子」の作り方**2**と同様に作る。

ねぎと帆立のだしカレー

魚介の香りがただよう、和風カレーも即完成。
カレー粉の量は、辛さのお好みで増減してください。

材料（2人分）

焼きあご出汁（中身）……1パック
帆立貝柱……200g
長ねぎ（1cmの輪切り）……1と1/2本
にんにく（芯を取ってつぶす）……1/2片
オリーブオイル……大さじ1
しょうゆ……小さじ2
カレー粉……小さじ1と1/2
塩……少々
ごはん……2膳分

作り方

1. 鍋ににんにくとオリーブオイルを入れて中火にかけ、香りが立ったら長ねぎと塩を加えて炒める。長ねぎがしんなりしたら水400 mlとだし粉末を加え、10分煮る。
2. 帆立貝柱はサッと洗って水気を拭き取る。**1**に加え、再沸騰したらしょうゆとカレー粉で味を調える。
3. 器にごはんと共に盛る。

Memo カレー粉は種類によって塩分量が違うので、味はしょうゆの量で加減してください。だしパックの中身は、袋から出すと湿気でかたまりやすいです。使う直前に出しましょう。

3. 紫キャベツ・白菜・レモン

材料（作りやすい分量）

野菜出汁（中身）……1/2パック
白菜・紫キャベツ……合わせて100g
レモンの皮（黄色い部分のみをすりおろす）……1/4個分
レモン汁……小さじ1
はちみつ……小さじ1

作り方

1. 白菜は葉と芯に分け、芯は5cm長さにしてから1cm幅に切る。葉はざく切りにする。紫キャベツは太めの千切りにする。
2.「白菜・アスパラガス・柚子」の作り方**2**と同様に作る。

だしトースト3種

だしのうまみは、パンとの
相性も抜群です。
おつまみにぴったりな、
やみつき味のトーストを
考えました。

Memo だし粉末とバターを合わせた「だしバター」は、うまみいっぱい。多めに作って保存し、野菜スティックなどに塗ってもおいしいです。

1. いろいろきのことたっぷりチーズトースト

材料（1枚分）

食パン……1枚

野菜出汁（中身）……1/2パック

好みのきのこ ※しいたけ、しめじ、えのき、ひらたけ、エリンギなど……合わせて100g

にんにく（みじん切り）……1/2片

オリーブオイル……大さじ1

白ワイン……大さじ1

シュレッドチーズ……30g

イタリアンパセリ（粗みじん切り）……適宜

作り方

1. フライパンににんにくとオリーブオイルを入れて中火にかけ、香りが立ったら食べやすく切ったきのことだし粉末を入れて炒める。しんなりとしたら白ワインを加え、水分がなくなるまで炒める。

2. 食パンの上に**1**をのせ、チーズをかけてオーブントースターに入れる。チーズが溶け、焦げ目が付くまで焼く。仕上げにイタリアンパセリをふる。

2. あごバターのバゲットトースト

材料（2切れ分）

バゲット（縦に半分に切る）……15cm

A
- **焼きあご出汁（中身）**……小さじ1
- バター……30g
- あおさのり ※乾燥（手で細かくする）……大さじ1

作り方

1. バゲットをトースターでこんがりと焼き、混ぜ合わせたAを塗る。

3. 梅干&バターたまごトースト

材料（1枚分）

食パン……1枚

A
- **鶏節出汁（中身）**……小さじ1
- バター……30g
- 梅昆布茶 ※または梅干をたたいたもの……小さじ1/2

卵……1個

牛乳……小さじ2

オリーブオイル……小さじ2

万能ねぎ（小口切り）……少々

作り方

1. 食パンをトースターでこんがりと焼き、混ぜ合わせたAを塗る。

2. ボウルに卵を割り入れ、牛乳を加えて混ぜる。フライパンを熱してオリーブオイルをひき、卵液を流す。底から大きく混ぜながらふんわりと焼き、**1**にのせる。仕上げに万能ねぎを散らす。

温野菜の重ね蒸し3種

1… 白菜としめじの重ね蒸し バター風味

食材にだし粉末をからめ、
少量の水分を加えたら、
ふたをして火にかけるだけ。
素材の甘みとうまみが
ぎゅっと詰まって、
大満足の仕上がりに。

Memo 使用する鍋は、
直径 14cm 程度で厚手のものがおすすめ。
薄い鍋の場合は、底がこげないように
少量の水を加えて加熱するとよいでしょう。

1. 白菜としめじの重ね蒸し バター風味

材料（2人分）

野菜出汁（中身）……1パック
白菜……2枚
しめじ（根元を切り落とし、ほぐす）
……1パック
酒……大さじ1
バター……10 g

作り方

1. 白菜は葉と芯に分け、芯はそぎ切りに、葉はざく切りにする。ボウルに白菜、しめじ、だし粉末を入れ、野菜全体に粉末をまぶす。

2. 小ぶりの鍋に**1**を入れ、酒をふり、ふたをして中火にかける。沸騰して蒸気が上がってきたら弱火にして5分加熱する。仕上げにバターをのせる。

2. 豚ばら肉と根菜の重ね蒸し 黒ごまたっぷり

材料（2人分）

焼きあご出汁（中身）……1パック
豚ばら薄切り肉……150g
れんこん……100g
さつまいも……100g
酒……大さじ1
黒ごま……小さじ1

作り方

1. 豚ばら肉は食べやすく切る。れんこんは皮をむき、2～3mm厚さの半月切りにして、酢水（分量外）に5分さらしてアクを抜き、水気を切る。さつまいもは皮つきのまま2～3mm厚さに切り水にさらし、水気を切る。

2. 小ぶりの鍋に材料を重ねて入れる。れんこんとさつまいもの1/3量→豚ばら肉の1/3量→だし粉末の1/3量の順に入れ、3回繰り返して全量を入れる。最後に酒をふりかける。

3. ふたをして中火にかける。沸騰して蒸気が上がってきたら、弱火にして15分加熱する。仕上げに黒ごまをふる。

3. あさりとキャベツの重ね蒸し パクチー添え

材料（2人分）

鶏節出汁（中身）……1パック
あさり（砂抜きをする）……100g
キャベツ（ざく切り）……1/4個
しょうが（千切り）……1片
白ワイン……大さじ1
パクチー（1cm幅に切る）
……1本

作り方

1. 小ぶりの鍋に、キャベツの1/2量→だし粉末の1/2量→しょうがの1/2量→あさりの1/2量の順に入れる。もう一度繰り返して重ね、全量を入れる。最後に白ワインをふりかける。

2. ふたをして中火にかける。沸騰して蒸気が上がってきたら弱火にして5分加熱する。あさりの口が開いていれば出来上がり。仕上げにパクチーを散らす。

Memo 「あさりとキャベツの重ね蒸し」のあさりは大きめのものを使用しています。ハマグリ等でも代用できます。

和風ポテトサラダ

じゃがいもとゆで卵がごろりと入った、新感覚のポテサラ。だし粉末とマヨネーズを混ぜた「だしマヨネーズ」がきいています。

材料（2人分）

じゃがいも ……中２個
卵 ……２個
パルミジャーノチーズ（薄切り）……15g
ルッコラ（5cm長さに切る）……1/2袋
A
- 焼きあご出汁（中身）……小さじ１
- マヨネーズ ……大さじ１

ぶどう山椒 ※粉末 ……適宜

作り方

1. じゃがいもは皮ごと水からゆでる。竹串がスッと入るくらいやわらかくなったら取り出し、皮をむく。冷めたらフォークで大きめに割る。卵は押しピンで殻に１か所穴をあけ、沸騰した湯に入れて６～８分ゆでる。水にとって冷まし、冷めたら殻をむいて、フォークで４つに割る。

2. **1**、パルミジャーノチーズ、ルッコラをボウルに入れ、混ぜ合わせたAを加えて混ぜる。器に盛り、ぶどう山椒をかける。

Memo ぶどう山椒がなければ普通の粉山椒で代用してください。苦手な方はかけなくてもOK。

だしむすび3種

だしの風味をごはんにしっかり混ぜ込んだ、ちょっと楽しいおむすびたち。
ミモレットチーズやベーコンなども、ごはん&だしと好相性です。

1. しそごまチーズおむすび

材料（1個分）

ごはん（温かいもの）……100g

焼きあご出汁（中身）……小さじ 1/2

大葉（手でちぎる）……２枚

ミモレットチーズ（食べやすい大きさに切る）……10g

白ごま……少々

2. 黒こしょうバター＆パセリおむすび

材料（1個分）

ごはん（温かいもの）……100g

鶏節出汁（中身）……小さじ 1/2

バター……5g

パセリ（みじん切り）……小さじ 1

黒こしょう……少々

3. しば漬けベーコンおむすび

材料（1個分）

ごはん（温かいもの）……100g

野菜出汁（中身）……小さじ 1/2

しば漬け（粗みじん切り）……10g

ベーコン（細切りにして炒め、カリカリにする）……40g

黒こしょう……少々

作り方（すべて共通）

1. ごはんが熱いうちに、材料を混ぜ合わせる。

手に水をつけ、おむすびをにぎる。

Memo おむすびの具材は、お好みで自在にアレンジしてください。
魚介系の具には「焼きあご出汁」、スパイスやエスニック食材には「鶏節出汁」、
肉類には「野菜出汁」がよく合います。

和風パエリア

あごだし、貝、鶏のだしをたっぷりきかせて、
和テイストに仕上げました。

材料（3～4人分）

米（洗ってざるに上げる）
…1と1/2合

鶏もも肉（一口大に切る）…100g
あさり（砂抜きをする）…150g
プチトマト（4つに切る）…4個
絹さや（筋を取る）…8枚
にんにく（みじん切り）…1/2片
オリーブオイル…大さじ2

A
- 水…250ml
- **焼きあご出汁（中身）**…1パック
- 酒…大さじ1
- 薄口しょうゆ…小さじ2

作り方

1. 浅鍋に、にんにくとオリーブオイルを入れて中火にかけ、鶏肉を入れて炒める。全体の色が変わったら、米を加えて炒める。

2. ツヤッとしたら、Aを合わせて入れ、あさりとプチトマトを加える。沸騰したら絹さやを加え、ふたをして弱火で12分加熱し、火を止めて10分蒸らす。

Memo
鍋は直径20cm程度のものを使用。深めのフライパンでもOKです。

だし炒飯

シンプルで潔い、しかもやみつき味の炒飯です。
パラパラに仕上げるコツは、
卵とごはんをあらかじめ混ぜておくこと。

材料（2人分）

野菜出汁（中身）
……大さじ 1/2

ごはん（温かいもの）……200ｇ
卵 ……１個
米油 ……大さじ１
しょうゆ ……小さじ１
万能ねぎ（小口切り）……２本

作り方

1. ボウルに卵を溶きほぐし、ごはんとだし粉末を加えてよく混ぜておく。

2. フライパンをしっかりと熱し、米油を入れて全体に広げる。**1**を加えて木ベラでほぐしながら炒める。パラパラになったら、鍋肌からしょうゆを入れて混ぜ、最後に万能ねぎを加えてさっと炒める。

極上のだしラーメン

焼きあごと鶏節のダブルだしで、濃厚なだしが決め手の塩ラーメンが出来ました。具材の鶏ささみもしっとりジューシーで、いろいろな料理に活用できます。

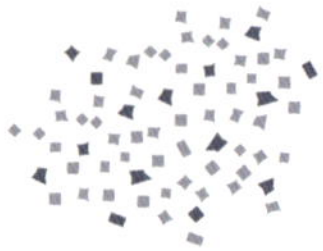

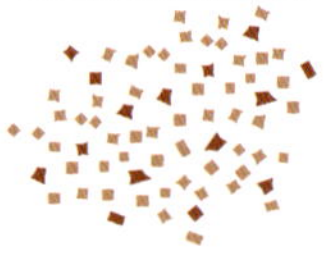

材料（1人分）

中華麺……1玉
青梗菜……1/2株
長ねぎ（白髪ねぎ）……8 cm分

スープ
焼きあご出汁（中身）……1パック
鶏節出汁（中身）……1パック
にんにく（みじん切り）……1片
長ねぎの青い部分……1本
しょうが（つぶす）……1片
米油……大さじ1
酒……50 ml

鶏ささみ……1本
酒……小さじ1
塩……少々

作り方

1. ささみは筋を取り、耐熱容器に入れて酒と塩をふる。ふんわりとラップをかけて600 Wの電子レンジで50秒加熱し、上下を返してさらに30秒加熱する。ラップをかけたまま冷まし、食べやすく手でさく。

2. スープを作る。鍋ににんにくと米油を入れて中火にかける。香りが立ったら水400 ml、焼きあご出汁と鶏節出汁の粉末、酒、長ねぎ、しょうがを加える。沸騰してから5分煮て、長ねぎ、しょうが、粉末を網杓子ですくい取る（漉さなくてもよい）。

3. 鍋に熱湯を沸かし、根元を切り落とした青梗菜をゆでて取り出す。湯が再度沸騰したら中華麺を入れて表示通りにゆで、湯を切る。

4. 器に熱々のスープと麺を盛り付け、ささみ、青梗菜、白髪ねぎをのせる。

きのこのショートパスタ

オリーブオイルベースのショートパスタ。
いつもの塩味をだしに代えてみました。
きのこの香りとだしのコクが、
ペンネにしっかりとからみます。

材料（1人分）

鶏節出汁（中身）
……1/2 パック

ペンネ……60g

椎茸（薄切り）……5個

にんにく（みじん切り）
……1/2 片

オリーブオイル……大さじ2

イタリアンパセリ
（みじん切り）……2枝

黒こしょう……少々

塩……適量

作り方

1. 鍋にたっぷりの湯を沸かし、塩を入れてペンネをゆで始める。

2. フライパンににんにくとオリーブオイルを入れて中火にかける。香りが立ったら、椎茸とだし粉末を入れて炒める。しんなりとしたらゆで上がったパスタとゆで汁大さじ2を加え、混ぜ合わせる。

3. イタリアンパセリを加えて混ぜる。器に盛り、黒こしょうをふる。

そうめんチャンプルー

沖縄の定番料理も、焼きあごだしを使えば簡単に出来上がり。時短レシピなので、忙しい日の味方になりそう。

材料（２人分）

焼きあご出汁（中身）
……１パック

そうめん ……２人前

米油 ……小さじ２＋小さじ４

ゴーヤ（種とワタを取り、５mm厚さの半月切り）……1/2 本

卵 ……２個

薄口しょうゆ ……小さじ２

白ごま ……少々

作り方

1. そうめんを表示通りにゆで、水で洗って水気を取り、米油小さじ２をまぶしておく。
2. フライパンを温めて米油小さじ４を入れ、ゴーヤを炒める。色が鮮やかになったら卵を溶いて加え、炒める。卵に火が通ったらそうめんを入れ、だし粉末をふり入れる。全体に混ざったら薄口しょうゆを鍋肌から入れ、炒め合わせる。器に盛り、白ごまをふる。

Memo 炒めものなどにだしをそのまま使う場合は、全体にまんべんなくふり入れましょう。一か所に入れるとかたまってしまい、味が均一になりません。

れんこんのアーリオオーリオ

こんがりと炒めたれんこんに、焼きあごだしをたっぷりと。表面はカリッ、中はホクホク。れんこんの食感を楽しむ一品です。

材料（2人分）

焼きあご出汁（中身）
……1/2 パック

れんこん ※皮をむいた正味
……150 g

にんにく（芯を取ってつぶす）
…… 1 片

赤唐辛子（種を取り、4 ～ 5 等分）
…… 1 本

オリーブオイル ……大さじ 1
黒こしょう ……少々

作り方

1. れんこんは皮をむき 2 cm 角の拍子木切りにする。酢水（分量外）に 5 分さらしてアクを抜き、水気を切る。

2. フライパンににんにくと赤唐辛子、オリーブオイルを入れて中火にかける。香りが立ったら、れんこんを入れて炒める。あまり動かさずに焼き色が付くように炒め、火が通ったらだし粉末をふり入れて全体にからめるように炒める。まんべんなく混ざったら、黒こしょうをふって火を止める。

ひよこ豆とズッキーニのだしソテー

材料（2人分）

野菜出汁（中身）
……1パック

ひよこ豆 ※乾燥 ……50 g

ズッキーニ
（2mm 厚さの半月切り）
……1/4 本

オリーブオイル ……大さじ 1

こしょう ……少々

作り方

1. ひよこ豆はさっと洗って、たっぷりの水に一晩浸ける。水ごと鍋に移して強火にかけ、沸騰したら弱めの中火にする。アクを取りながら、やわらかくなるまで 30 分ほどゆでる。使う前に水気を切る。
2. フライパンを温めてオリーブオイルを入れ、ひよこ豆とズッキーニを加えて炒める。だし粉末をふり入れて炒め、ズッキーニに火が通ったらこしょうをふって火を止める。

オリーブオイルでソテーして、だしをぱらり。ちょっと余った野菜やお豆があったら、すぐに出来るレシピです。

味噌玉でお味噌汁

味噌＋だし＋具材。混ぜて丸めて、
出来上がるのが「味噌玉」です。
作っておけば、
あとはお湯を注ぐだけ。
いつでも食べたいときに、
お味噌汁が即完成。

❖味噌玉

焼き麩と万能ねぎ
海苔を散らして

大葉としょうが
とろろ昆布まぶし
なめたけと椎茸
大葉の香り
味噌玉
焼き麩と万能ねぎ
海苔を散らして
油揚げとにんじん
ごま風味
コーンバターと
たっぷりわかめ
みょうがとあおさ
梅風味

❖ 味噌玉

材料（各1個分）

なめたけと椎茸 大葉の香り

基本のだし味噌……10g
なめたけ……小さじ1
スライス干ししいたけ（手で割る）……3枚
大葉（千切り）……1枚

大葉としょうが とろろ昆布まぶし

基本のだし味噌……10g
大葉（千切り）……1枚
おろししょうが……少々
とろろ昆布……適量

みょうがとあおさ 梅風味

基本のだし味噌……10g
あおさのり ※乾燥……小さじ1
みょうが（千切り）……1/2個
梅昆布茶 ※または梅干をたたいたもの……少々

焼き麩と万能ねぎ 海苔を散らして

基本のだし味噌……10g
焼き麩（4等分に切る）……1個
万能ねぎ（小口切り）……1本
焼き海苔（ちぎる）……1/4枚

コーンバターと たっぷりわかめ

基本のだし味噌……10g
乾燥わかめ……小さじ1/2
コーン ※缶詰のホールコーン……小さじ1
バター……3g

油揚げとにんじん ごま風味

基本のだし味噌……10g
油揚げ（細切り）……3cm角
にんじん（スライサーで細切り）……大さじ1/2
白練りごま……小さじ1

味噌玉

作り方（すべて共通）

1. 基本のだし味噌（下記参照）10gに対して、材料を混ぜ合わせる（コーンととろろ昆布は表面にまぶす）。ラップに包んで冷蔵保存する。
2. 味噌汁を作る際は、味噌玉をお椀に入れ、熱湯150mlを注いでよく混ぜる。

基本のだし味噌

材料（作りやすい分量）

焼きあご出汁（中身）……1パック
合わせ味噌（または好みの味噌）……50g

作り方

1. だし粉末と合わせ味噌をよく混ぜ合わせる。

Memo 保存期間は、生の具材を使ったものは翌日まで。
それ以降は、冷凍保存で1ヶ月はOKです。
冷凍したものは溶けにくいので、鍋で煮溶かすか、
室温で解凍してから使ってください。

お弁当とおにぎり

高校生男子のお弁当を毎朝作っています。朝は弱い方なので、できれば「詰めるだけ」にしたい。なので、月曜から金曜までのおかずストックを日曜に作ってしまいます。小分けにして、冷凍庫と冷蔵庫にちょこちょこ保存。このおかずたちに支えられ、平日の朝がまわっていきます。

お弁当を作りはじめて、電子レンジを愛用するようになりました。週末におかずの作りおきをしていると、コンロが全部埋まってしまうことがある。そんなとき、苦し紛れに使ってみたのがきっかけでした。ところがどっこい、なかなかいいじゃない。例えば、少量のなす炒めやピーマン炒めなら、油をからめてチンすればあっという間。油も汚れものも少なくて済み、いいことずくめ。味付けは、「アコメヤの出汁」をやぶって使うのが好き。どんな野菜にも合いますよ。それから、炒めものの仕上げに自家製のポン酢や八方だしをからめるのもいい。アコメヤ トウキョウのとっておきの調味料とだしを使えば、おつまみにも変身です！

うちの息子、お弁当の他におにぎりも持っていくのです（高校生男子の胃袋たるや！）。そのおにぎりに入れる「ごはんの供」も、アコメヤ トウキョウで見つけています。子育ての過程で気が付いたこと。それは、意外なほど「ちゃんとおいしいもの」を子どもはわかっているんだ、ということ。小さな頃は、シンプルなおいしいバゲットを少しずつ食べたりするのが好きでした。おにぎりも塩むすびや、梅干がちょこんと入ったものを好んでいたっけ。その確かな味覚を大切にしたいから、きちんとした食材と調味料でごはんを作ろうと思うのです。

今日も、朝食を作り、おにぎりを結び、お弁当を詰めて。お夕飯には学校の話を聞きながら（時には私の愚痴を聞いてもらいながら…）、日々、高校生男子のお腹を満たしてゆきます。

アコメヤ トウキョウで見つけた
おにぎりの必需品

萩・井上商店「**しそわかめ**」
JA紀南「**紀州・梅昆布茶**」

お弁当箱は曲げわっぱを愛用。杉の木がほどよく
ごはんの水分を吸ってくれるので、
冷めてもおいしいのがメリット。地味なおかずの日でも、
すごく盛り映えするので助かっています。

だし
Dashi

第三章

だしがあるから手作りできる
〝お助け調味料〟活用レシピ

だし（またはだしパックの粉末）に、基本の調味料を合わせるだけ。
あらかじめ作っておけば、少しの手間で豊かな食卓が完成します！

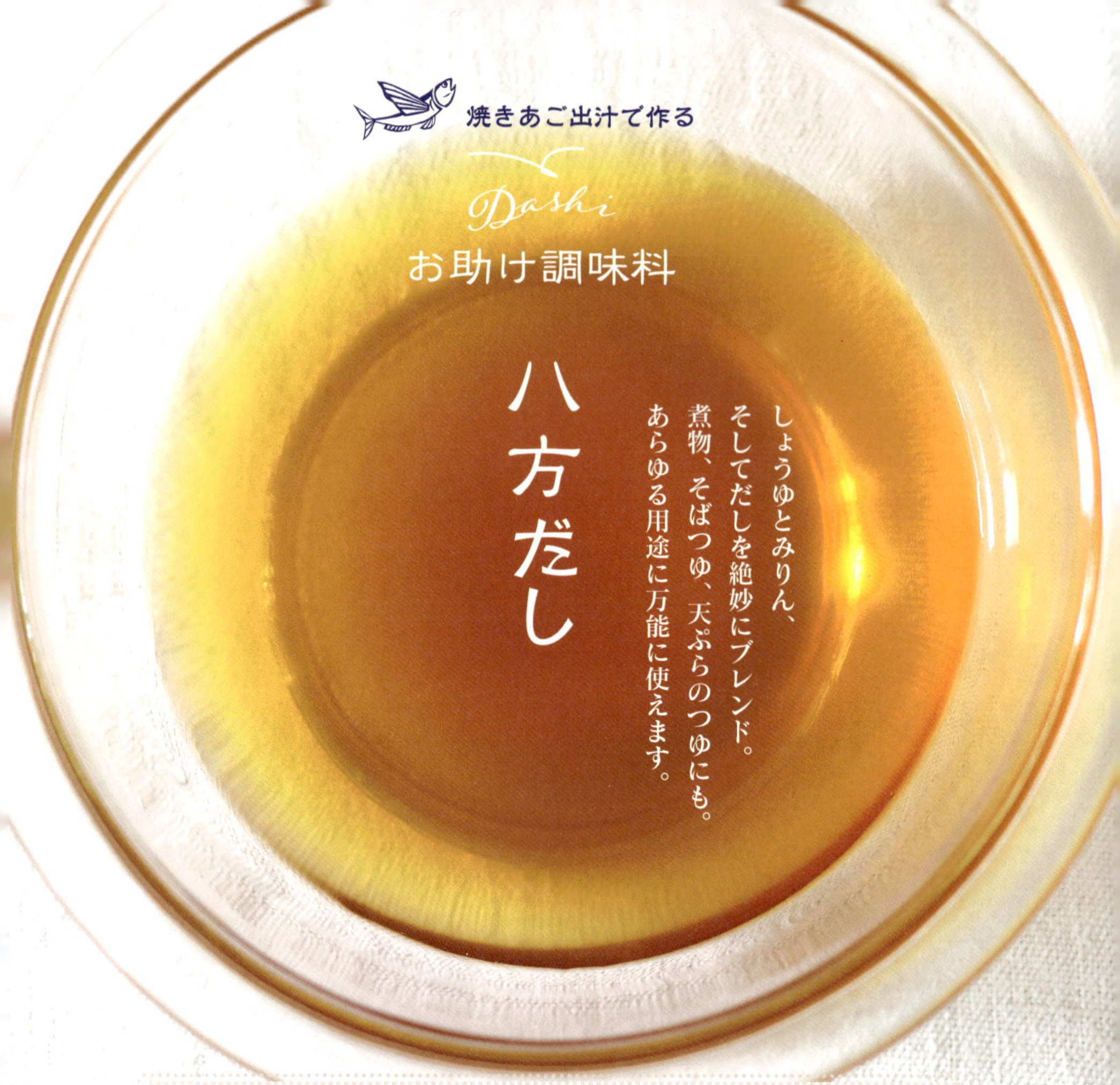

焼きあご出汁で作る

Dashi

お助け調味料

八方だし

しょうゆとみりん、
そしてだしを絶妙にブレンド。
煮物、そばつゆ、天ぷらのつゆにも。
あらゆる用途に万能に使えます。

材料（作りやすい分量）

基本の焼きあごだし（P.8～9参照）……400 ml
薄口しょうゆ……60 ml
みりん……30 ml

作り方

1. 熱いだしに残りの材料を入れ、混ぜ合わせる。

Memo アルコールに弱い方やお子さんがいる場合は、
あらかじめみりんを煮切ってから混ぜ合わせてください。

塩だし

塩をきかせてきりっと辛口に
仕上げたいときに重宝する「塩だし」。
使い方は八方だしと同じ。
お好みで選んでください。

材料（作りやすい分量）

基本の焼きあごだし（P.8～9参照）……400 ml
塩……小さじ1強

作り方

1. 熱いだしに塩を入れ、混ぜ合わせる。

Memo 八方だし、塩だし共に、保存は冷蔵庫で1週間程度。早めに使い切ってください。

温麺

八方だしを存分に味わうには、汁麺が最適。ふわふわ卵とつるつるのそうめん。疲れた体にしみ渡ります。

材料（1人分）

八方だし（P.58参照）……400 ml

そうめん……1人前

卵（溶く）……1個

三つ葉（2cm 長さに切る）……1/3 束

作り方

1. そうめんを表示通りにゆで、水で洗って水気を切って器に入れておく。

2. 鍋で八方だしを温め、沸騰したら卵を流し入れる。火が通ったら三つ葉を加えて火を止め、**1** にかける。

焼きあご出汁で作る

八方だし

オリーブごはん

塩だしは、炊き込みごはんのベースにもぴったり。
グリーンオリーブと一緒なら、
ワインのアテや〆にも。

材料（４人分）

塩だし（**または八方だし** **P.58 ～ P.59 参照**）……350 ml

米（洗ってざるに上げ水気をしっかり切っておく）……２合

グリーンオリーブ ※種つき……100 g

こしょう ……少々

作り方

1． 直径 18cm くらいの厚手の鍋に米、塩だし、グリーンオリーブを入れて、中火にかける。

2． 沸騰したらふたをして、弱火で 12 分炊く。炊き上がったらそのまま 10 分蒸らす。蒸らし終わったら全体を大きく混ぜ、器に盛りこしょうをかける。

Memo ごはんをやわらかめに仕上げたい場合は、水を 50 ～ 100ml 程度加えて炊いてください。

焼きあご出汁で作る

塩だし

焼きあご出汁で作る

八方だし

野菜のおひたし4種

旬の野菜なら、
なんでもおひたしになります。
おいしい八方だしがあれば、
ちょっとグレードアップ。

ひたし豆

材料（2人分）

八方だし（または塩だし P.58〜P.59 参照）……適量

ひたし豆……50g

作り方

1. ひたし豆はさっと洗ってたっぷりの水に一晩浸ける。鍋に移して強火にかけ、沸騰したら弱めの中火にする。アクを取りながら 30 分ほどやわらかくなるまでゆでる。
2. 水気を切り、八方だしに浸ける。

きのこのおひたし

材料（2人分）

八方だし（または塩だし）……適量

好みのきのこ……1パック（約 100g）

酒……小さじ2

作り方

1. 耐熱容器に食べやすく切ったきのこを入れ、酒をふりかけてふんわりとラップをする。600W の電子レンジで2分加熱し、汁ごと八方だしに浸ける。

Memo 春はアスパラガスやさやえんどう。夏は枝豆やパプリカもおすすめ。きのこは1種類でも、数種を混ぜても OK。写真では、ひらたけを使っています。

豆苗のおひたし

材料（2人分）

八方だし（または塩だし）……適量

豆苗……1袋

作り方

1. 豆苗は根元を切り落とし、熱湯でさっとゆでる。八方だしに浸ける。

フルーツトマトびたし

材料（2人分）

八方だし（または塩だし）……適量

フルーツトマト……3個

作り方

1. フルーツトマトを湯むき（P.66 Memo 参照）し、4等分に切る。八方だしに浸ける。

豆苗のおひたし

ひたし豆

きのこのおひたし

フルーツトマトびたし

焼きあご出汁で作る

八方だし

かぶと帆立のとろとろ煮

口の中でほろりと崩れるかぶの甘みと、帆立のコクを味わう一品です。

材料（２人分）

八方だし（または塩だし P.58 ～ P.59 参照）
……150 ml

かぶ……大１個
かぶの葉……少々
帆立缶詰……１缶（65 g）
片栗粉……小さじ１

作り方

1． かぶは茎を少し残して切り落とし、皮をむいて８等分のくし形切りにする。葉は３～４cm 長さに切っておく。

2． かぶを鍋に入れ、かぶるくらいの水を加えて中火にかけ、沸騰したら弱火にし、やわらかくなるまでゆで、取り出す。

3． 別の鍋に八方だしと帆立を缶汁ごと入れて中火で温め、**2** を加える。沸騰したら弱火にして５分煮る。**1** の葉を加え、色が鮮やかになったら同量の水で溶いた片栗粉を加えて煮立て、とろみをつける。

Memo
帆立の代わりにカニの缶詰を使ってもよい。

トマトのふろふき

だしで炊いたトマトに、甘い味噌だれをたらり。温かい状態はもちろん、よく冷やしてから食べるのもおすすめです。

材料（2人分）

トマト……大玉2個

八方だし（または塩だし P.58 ～ P.59 参照）……適量

味噌だれ
- 西京味噌……大さじ2
- 酒……小さじ2
- みりん……小さじ2

作り方

1. トマトを湯むきして、鍋に入れ、八方だしをかぶるくらいに注ぐ。弱めの中火にかけ、沸騰したらアクを取り、2分煮て火を止める。

2. 味噌だれの材料を耐熱容器で混ぜ合わせ、ラップをせずに電子レンジ（600W）で 90 秒加熱する。

3. **1** を器に盛り、味噌だれをかける。

Memo トマトの湯むきは、へたをくり抜き、皮面に十字に浅く切り込みを入れてから、沸騰した湯に入れます。皮が少しむけてきたら氷水にとり、皮を取り除きます。

厚揚げそぼろあんかけ

八方だしにとろみをつければ、
上品なあんかけに。お肉と厚揚げで、
しっかりタンパク質をとりましょう。

材料（2人分）

八方だし（P.58参照）
……250 ml

厚揚げ……1袋

合いびき肉……100 g

しょうが（みじん切り）
……1/2片

ごま油……大さじ1

さやいんげん（縦半分に切り、斜め切り）……2本

片栗粉……大さじ1

作り方

1. 厚揚げは対角線で切り、三角形に4等分する。

2. フライパンを熱してごま油を入れ、しょうがと合いびき肉を入れて炒める。色が変わり、肉がパラパラになったら八方だしと厚揚げを加える。厚揚げを返しながら3分煮る。

3. さやいんげんを加えて1分煮て、同量の水で溶いた片栗粉を加えて煮立て、とろみをつける。

焼きあご出汁で作る

八方だし

さんまごはん

香ばしいさんまに、しょうがのピリリとした辛み、炊きたてアツアツのごはん…。みんなが笑顔になる一品です。

材料（４人分）

八方だし（または塩だし P.58 ～ P.59 参照）……350 ml

さんま（３枚おろし）……２尾

米……２合

A
- 酒……小さじ２
- しょうゆ……小さじ２

針しょうが……１片分

粉山椒……適宜

Memo ごはんは、お好みに合わせて水分量を加減しましょう。
やわらかめに仕上げたい場合は、水を 50 ～ 100ml 程度加えて炊いてください。

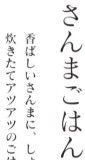

作り方

1. 米は洗ってざるに上げ、水気を切る。
2. さんまはAを全体にからめ、魚焼きグリルでこんがりと焼く。※片面焼きグリルの場合、皮目を上にして４～５分焼き、返して２分を目安に焼く。
3. 直径18cmくらいの厚手の鍋に、米、八方だし、針しょうがを入れて中火にかける。沸騰したらふたをし、弱火で12分炊く。炊き上がったらそのまま10分蒸らす。蒸らし終わったら**2**をのせ、ほぐしながら全体を大きく混ぜ合わせる。器に盛り、好みで粉山椒をかける。

焼きあご出汁で作る

Dashi

お助け調味料

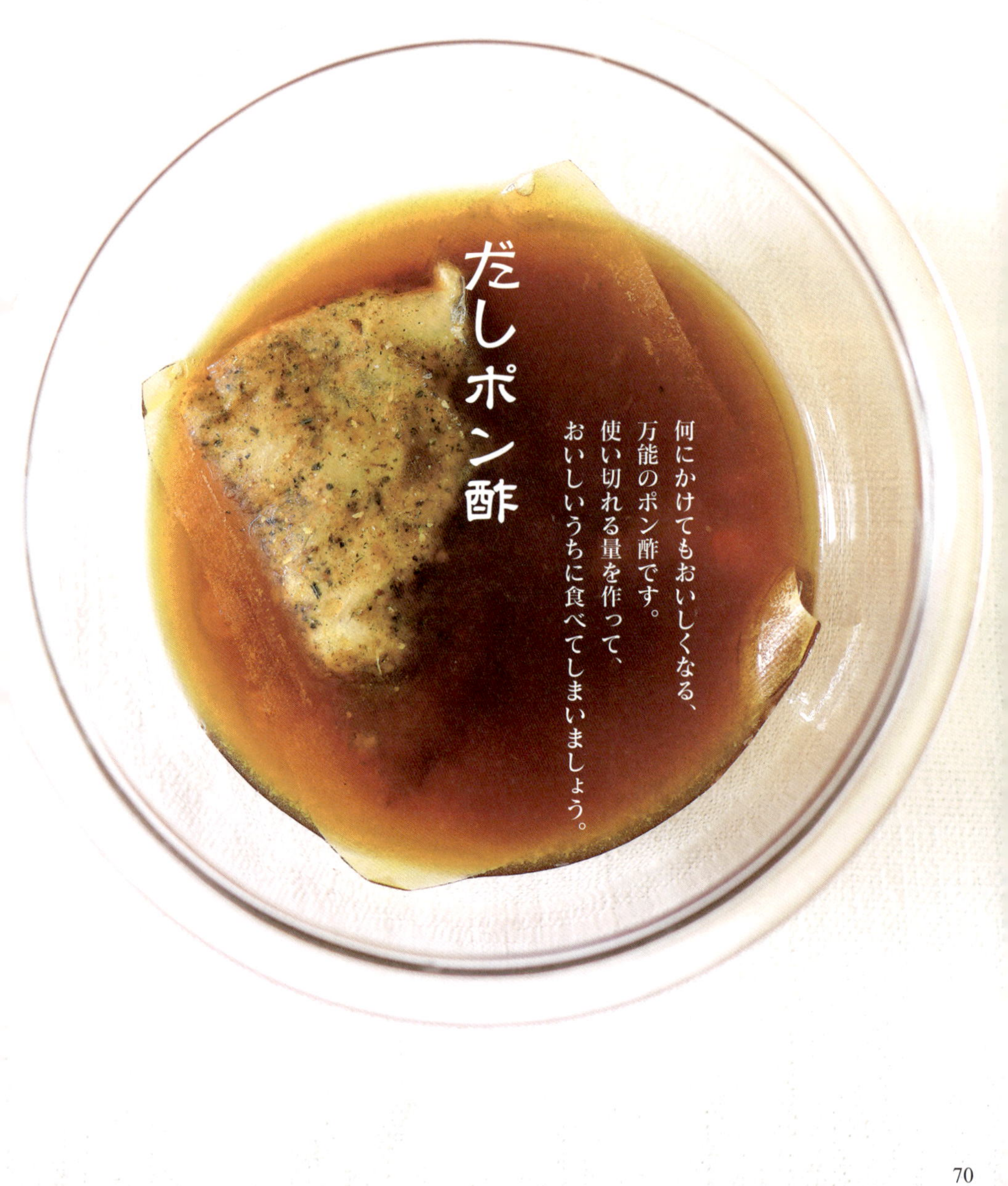

だしポン酢

何にかけてもおいしくなる、
万能のポン酢です。
使い切れる量を作って、
おいしいうちに食べてしまいましょう。

ローストビーフ

焼きあご出汁で作る

Dashi

お助け調味料

だしポン酢

材料（作りやすい分量）

焼きあご出汁……１パック
ゆずの絞り汁 ……大さじ３
しょうゆ ……大さじ３
みりん ……大さじ１

作り方

１． 材料をすべて保存容器に入れて一晩おき、だしパックを取り出す。

ローストビーフ

しっとりジューシーなローストビーフ。
低温でじんわり火を通してから、表面をこんがり焼くのがコツです。

材料（3～4人分）

だしポン酢（P.72参照）
……適量

牛もも肉 ※ブロック ……300ｇ
オリーブオイル ……大さじ1
塩 ……小さじ1/2

ルッコラ ……1袋
黒粒こしょう（砕く）……適量

作り方

1. 牛肉は室温に戻しておく。

2. 牛肉をオーブン対応の耐熱容器におき、オリーブオイルを全体にまぶす。100℃に予熱したオーブンに入れ30分焼く。焼き上がった肉の表面をキッチンペーパーで拭き、全体に塩をまぶす。

3. フライパンを強火で熱し、オリーブオイル（分量外）を多めに入れて**2**の表面全体を焼く。全体にこげ目が付いたら取り出し、アルミホイルに包んで30分以上そのままおく。

4. **3**をスライスしてルッコラと共に盛り合わせる。黒こしょう、だしポン酢を添える。

ごまポン酢のしゃぶしゃぶサラダ

ポン酢に練りごまを加えたら、ごまポン酢の出来上がり。クリーミーでコクがあり、しゃぶしゃぶにぴったりです。

材料（2人分）

牛肩肉 ※しゃぶしゃぶ用 ……150ｇ
春菊 ……1/3 束

ごまポン酢
- **だしポン酢**（P.72 参照）……大さじ１
- 白練りごま ……大さじ２
- 水 ……大さじ１

作り方

1. ごまポン酢の材料を混ぜ合わせる。
2. 鍋に多めの湯を沸かし、沸騰したら火を止めて牛肉を入れてほぐす。色が変わったら、網に取り出して冷ます。春菊は葉先を摘み取る。
3. **2**を器に盛り、**1**をかける。

Memo ごまポン酢にごま油を加えれば、和風ドレッシングや冷やし中華のタレとして活躍。

焼きあご出汁で作る

だしポン酢

豆腐と金目鯛のちり蒸し

新鮮なお魚が手に入ったら、
シンプルに蒸し物に。
だしポン酢と混ざり合った蒸し汁が絶品です。

材料（2人分）

だしポン酢（P.72 参照）
……適量

金目鯛（切り身）……2切れ

酒 ……小さじ2

絹ごし豆腐（食べやすく切る）
……1/4 丁

針しょうが ……1/2 片分

万能ねぎ（小口切り）……2本

作り方

1. 金目鯛に酒をまぶす。蒸し器に入る器に金目鯛と豆腐を盛り付け、魚の上に針しょうがをのせる。

2. 蒸気の上がった蒸し器に入れ、強火で 10 分蒸す。

3. 蒸し器から取り出し、万能ねぎを散らしてだしポン酢をかける。

Memo 蒸気でやけどをしないように注意してください。
金目鯛のほかに、鯛やタラなど白身魚でアレンジできます。

焼きあご出汁で作る

だしポン酢

おろしハンバーグ

定番のハンバーグに、大根おろしとだしポン酢の組み合わせ。生のまま加えた玉ねぎの、シャキシャキ食感がポイントです。

材料（2人分）

だしポン酢 （P.72 参照）……適量

ハンバーグ
- 合いびき肉……350g
- 玉ねぎ（粗みじん切り）……1/4 個
- 卵……1個
- パン粉……大さじ1
- 塩……小さじ 1/2
- 黒こしょう……少々
- ナツメグ（あれば）……少々

オリーブオイル……大さじ2

大根おろし……5cm 分
大葉（千切り）……2枚

作り方

1. ハンバーグの材料をボウルに入れてよく練り混ぜる。4等分して小判形にととのえる。
2. フライパンを中火で熱し、オリーブオイルを入れてなじませ、**1**を並べて焼く。焼き色が付いたら上下を返し、ふたをして弱火で5分焼く。
3. **2**を器に盛り、大根おろしに大葉をのせて添える。だしポン酢をかける。

Memo 薬味は大葉に限らず、みょうがや万能ねぎ、貝割れ菜などお好みで。

たこポン酢

和えるだけ。
ぱぱっと作れる気の利いた副菜です。
作ってすぐでも、少しおいてからも、
どちらも美味。

材料（2人分）

だしポン酢（P.72 参照）
……大さじ1

ゆでたこ（そぎ切り）……100g
みょうが（千切り）……2個
ごま油 ……小さじ1
白ごま（切りごま）……小さじ 1/2

作り方

1. すべての材料をボウルでさっくりと和え、器に盛る。

焼きあご出汁で作る
だしポン酢

さばの竜田揚げ

新鮮なさばが手に入ったら、サクッと揚げて食べましょう。
鶏の唐揚げよりも、少ない時間で揚がります。

材料（2人分）

だしポン酢（P.72参照）……適量

さば（3枚おろし）……1尾

A
- 酒 ……小さじ2
- しょうゆ ……小さじ2
- みりん ……小さじ2
- しょうが汁 ……小さじ1
- 長ねぎ（みじん切り）……10 cm

片栗粉 ……適量

揚げ油 ……適量

スプラウト ※写真はマイクロクレソン
……適量

作り方

1. さばは骨を取り除き、半身を4等分くらいに切る。**A**と共にボウルに入れて全体にからめ、10分おいて下味をつける。

2. **1**に片栗粉をたっぷりまぶし、180℃に熱した油で返しながら3～4分揚げる。網に取り出し、油を切る。

3. スプラウトと共に器に盛り、だしポン酢を添える。

焼きあご出汁で作る

Dashi

お助け調味料

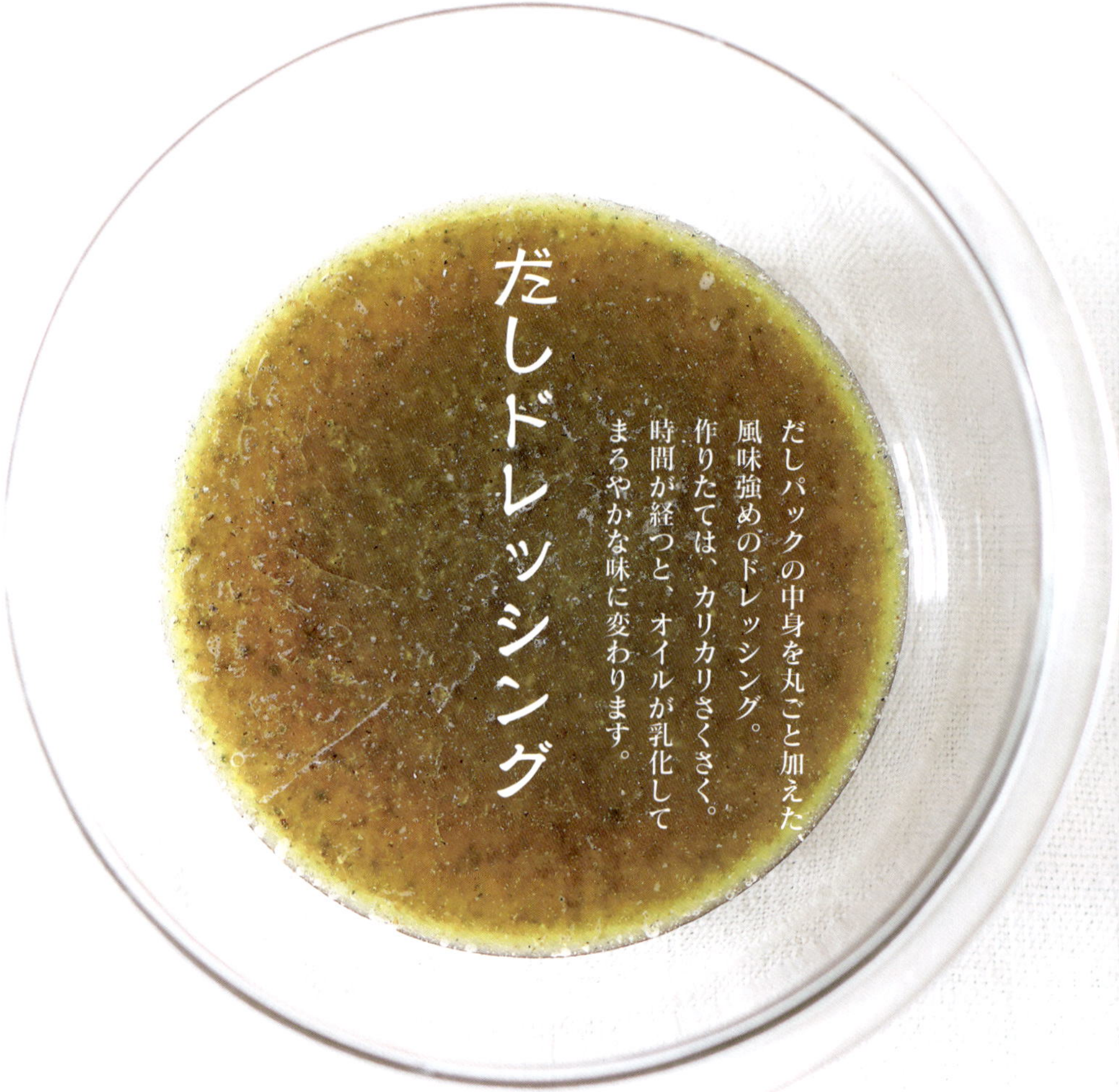

だしドレッシング

だしパックの中身を丸ごと加えた
風味強めのドレッシング。
作りたては、カリカリさくさく。
時間が経つと、オイルが乳化して
まろやかな味に変わります。

ガーデンサラダ

焼きあご出汁で作る

Dashi

お助け調味料

だしドレッシング

材料（作りやすい分量）

焼きあご出汁（中身）……1パック

酢……大さじ1

水……大さじ1

オリーブオイル……小さじ2

作り方

1. 材料を混ぜ合わせる。

ガーデンサラダ

農園のように、色とりどりの野菜を使うサラダ。
野菜の水分をよく取り除くことが、サラダの成功の秘訣です。

材料（2人分）

だしドレッシング（P.82 参照）……適量

好みの野菜

※グリーンリーフ、サニーレタス、レッドオークリーフ、ナスタチウム、紅芯大根、グリーンアスパラガス、スプラウトなど……各適量

作り方

1. 野菜は冷水に浸けてパリッとさせ、水気をしっかりと切る。アスパラなどは必要に応じて下ゆでをする。食べる直前にだしドレッシングをかける。

Memo

ゆで卵やゆで鶏など、タンパク質の具材を加えてもおいしい。

カンパチとトマトのカルパッチョ

刺身を厚めに切って食べ応えアップ。基本のドレッシングに、おろし玉ねぎを加えて香りと食感をよくしています。

焼きあご出汁で作る

だしドレッシング

材料（2人分）

カンパチ ※刺身用サク ……200g

プチトマト（縦半分に切る）……6個

おろし玉ねぎドレッシング
- **だしドレッシング**（P.82 参照）……大さじ2
- アーリーレッド（すりおろす）……1/4 個

オリーブオイル ……小さじ 1

作り方

1. カンパチを厚めに切る。
2. ボウルにおろし玉ねぎドレッシングの材料を入れてよく混ぜておく。1とプチトマトを加えて和え、器に盛る。オリーブオイルをまわしかける。

Memo

あじや鯛を使うのも、おすすめです。

マッシュルームのカルパッチョ

生のマッシュルームの、
土っぽい香りと濃密な食感、チーズのうまみ、
ケイパーの酸味を、だしが引き締めます。

材料（2人分）

だしドレッシング（P.82 参照）
……適量

ブラウンマッシュルーム
※ホワイトでもよい ……3個

パルミジャーノチーズ ※ブロック
……15g

ケイパー（粗みじん切り）
……10粒

黒こしょう ……少々

作り方

1. マッシュルームとパルミジャーノチーズは薄切りにし、皿に盛り付ける。
2. ケイパーと黒こしょうを散らし、最後にだしドレッシングをかける。

Memo マッシュルームは、カサがすべすべした新鮮なものを選んでください。

ツナときゅうりのサンドイッチ

きゅうりをだしドレッシングで和えて、サンドイッチの具にしました。
厚めのツナとシャキシャキきゅうりを楽しんでください。

材料（2人分）

食パン ……2枚
ツナ缶 ※ファンシータイプ ……1缶（105g）
きゅうり ……1本
だしドレッシング（P.82参照） ……小さじ2
マヨネーズ ……大さじ2
ディル ……2枚

作り方

1. ツナ缶の油を切る。きゅうりは皮をむき、長さを4等分して千切りにし、だしドレッシングで和える。
2. 食パン1枚につきマヨネーズを大さじ1ずつ塗る。パンの上にきゅうりの水分を切りながらのせ、ディルの葉先を摘み取ってのせる。ツナをほぐさずにのせ、もう1枚のパンをかぶせる。
3. **2**をラップでしっかりと包み、10分ほどおいてなじませてから食べやすい大きさに切る。

Memo きゅうりにレタスの千切りを加えて、具材にするのもおすすめです。

焼きあご出汁で作る

Dashi

お助け調味料

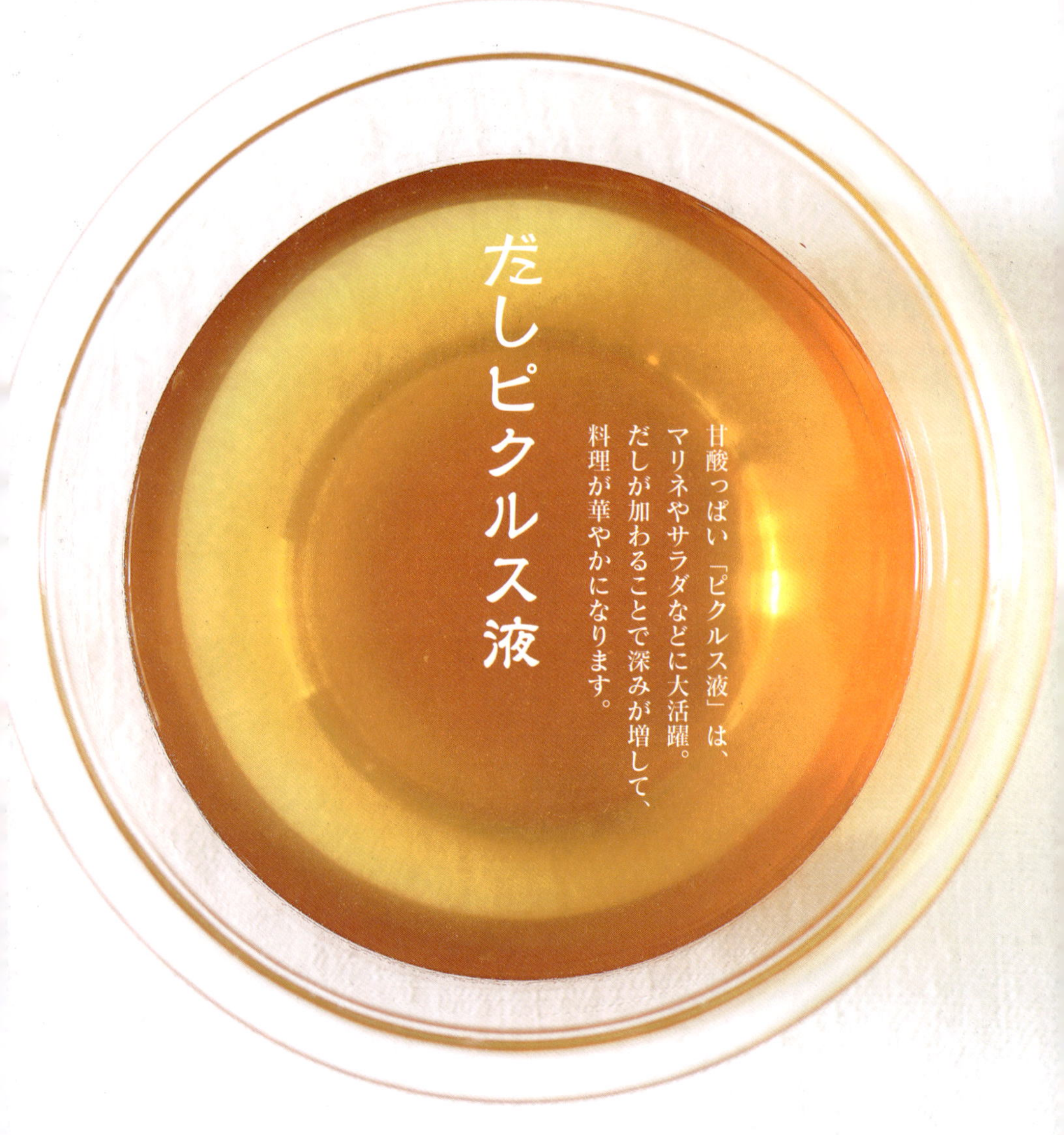

だしピクルス液

甘酸っぱい「ピクルス液」は、マリネやサラダなどに大活躍。だしが加わることで深みが増して、料理が華やかになります。

野菜のピクルス

焼きあご出汁で作る

Dashi

お助け調味料

だしピクルス液

材料（作りやすい分量）

焼きあご出汁 ……１パック
酢 ……200 ml
きび砂糖 ……大さじ１
塩 ……大さじ１
酒 ……大さじ２

作り方

1. 鍋に水 250 ml とだしパックを入れて火にかけ、だしをとる。

2. だしパックを取り出し、残りの材料を加えてひと煮立ちさせる。

野菜のピクルス

少しずつ余った野菜を、漬け込んでおいしいピクルスに。
大根やきゅうり、にんじんなど、
いろいろな野菜で作ってみてください。

材料（作りやすい分量）

だしピクルス液（P.90 参照）……500ml
かぶ……1個
パプリカ（赤・黄）……各1個
みょうが……2本
長芋……10cm

作り方

1. かぶは茎を1cm残して切り、皮をむいて8等分のくし形に切る。パプリカは1.5cm幅に切る。みょうがは縦に半分に切る。長芋は1cm角の拍子木切りにする。

2. だしピクルス液が熱いうちに野菜を漬け込む。粗熱が取れたら冷蔵庫に入れ、一晩おく。

Memo 日持ちは、冷蔵保存で1週間程度。すぐに食べ切らない場合は、消毒した容器か、ファスナー付きの保存袋で保管しましょう。

焼きあご出汁で作る

鮭の南蛮漬け

だしピクルス液は、南蛮酢としても活躍してくれます。アーリーレッドやパクチーを添えて、少しだけエスニックな雰囲気に。

材料（2人分）

生鮭（切り身）……２切れ
だしピクルス液（P.90参照）……大さじ３
アーリーレッド ……1/4 個
パクチー（ざく切り）……２〜３本
オリーブオイル ……大さじ２
塩・こしょう・小麦粉 ……各少々

作り方

1. 生鮭を３〜４つに切り、塩・こしょうで下味を付け、小麦粉を薄くつける。フライパンを中火で熱し、オリーブオイルをひいて鮭を皮目から焼く。途中で返し、中まで火を通す。

2. アーリーレッドは縦に薄切りにして水にさらし、水気をしっかりと取る。

3. **1**の上に**2**をのせ、だしピクルス液をかけて30分おく。食べる前にパクチーをのせる。

Memo アジや海老、なすを南蛮漬けにしてもおいしいです。パクチーは大葉やみょうがに代えても。

スモークサーモンとカリフラワーのマリネ

生のカリフラワーの食感と、サーモンの燻製香。洋風？　和風？　折衷だけど、新鮮でおいしいレシピです。

材料（2人分）

スモークサーモン……3枚
カリフラワー……2房
A［だしピクルス液（P.90参照）……100 ml
　 マスタード……小さじ1/2

作り方

1. スモークサーモンは3つに切る。カリフラワーは薄切りにする。
2. ボウルにAを入れて混ぜ合わせ、**1**を加えて和えて30分おく。

Memo　だしピクルス液にマスタードを混ぜたソースは、ドレッシングとしても活用できます。

イカとレモンのマリネ

薄く衣をつけたイカをカラリと揚げて、
セロリと一緒にマリネにしました。
白ワインによく合う、簡単おつまみです。

材料（2人分）

だしピクルス液（P.90参照）
……大さじ2

やりいか ……小2杯
小麦粉 ……適量
セロリ（斜め切り）……小1本
レモン（スライス）……1/2個
オリーブオイル ……適量

作り方

1. イカはゲソとワタ、軟骨を取り、エンペラを付けたまま1.5cm幅の輪切りにする。水気をふいて小麦粉をまぶし、170℃に熱したオリーブオイルで揚げる。

2. セロリ、イカ、レモンと共に保存容器に入れ、だしピクルス液をかけて30分ほどおく。

Memo すぐに食べてもいいし、
冷蔵保存で翌日までおいてもOKです。

◎「アコメヤの出汁」についての
お問い合わせ先

AKOMEYA TOKYO

TEL:03-6758-0260
www.akomeya.jp

アコメヤの出汁で絶品おうちごはん

発行日 2019年10月25日 第1刷

著者 高橋雅子
発行人 井上 肇
編集 堀江由美
発行所 株式会社パルコ
エンタテインメント事業部
東京都渋谷区宇田川町15-1
03-3477-5755
https://publishing.parco.jp

印刷・製本 株式会社 加藤文明社

ISBN978-4-86506-314-1 C2077
Printed in Japan

免責事項
本書のレシピについては万全を期しておりますが、
万が一、けがややけど、機械の破損・
損害などが生じた場合でも、
著者および発行所は一切の責任を負いません。

落丁本・乱丁本は購入書店名を明記のうえ、
小社編集部あてにお送りください。
送料小社負担にてお取り替え致します。
〒150-0045 東京都渋谷区神泉町8-16
渋谷ファーストプレイス パルコ出版 編集部

高橋雅子《たかはし まさこ》

1969年神奈川県生まれ。22歳から製パンスクールに通い、ル・コルドン・ブルーでさらに製パンを学ぶ。また、日本ソムリエ協会ワインアドバイザーの資格を取得。99年より、パンとワインの教室「わいんのある12ヶ月」を主宰。全国各地から生徒が集まり、ウエイティングは1年以上という盛況ぶり。2009年ベーグル販売とカフェ「テコナベーグルワークス」を開店。著書に『「自家製酵母」のパン教室』『少しのイーストで　ゆっくり発酵パン』『ゆっくり発酵カンパーニュ』『ゆっくり発酵ベーグル』『ゆっくり発酵バゲット&リュスティック』『ゆっくり発酵スコーンとざっくりビスコッティ』『テコナベーグルワークス　レシピブック』『少しのイーストでホームベーカリー　天然酵母コースでゆっくり発酵』『続・「自家製酵母」のパン教室』『$\frac{1}{2}$イーストで簡単！ 私がつくる惣菜パン』『ストックデリで簡単！ パン弁』『おうちで作る プレミアム食パン』(すべてPARCO出版)などがある。

わいんのある12ヶ月
http://www.wine12.com/

撮影：広瀬貴子
スタイリング：岩﨑牧子
ブックデザイン：鈴木みのり
編集：河合知子

料理製作アシスタント
北澤幸子　池田志壽子　松田雅代

協力：佐々木素子